AF187479

Impressum
Verlag: BABADADA GmbH, Nedderfeld 112 , 22529 Hamburg
Geschäftsführer / Verlagsleitung: Harald Hof
Druck: Books on Demand GmbH, In de Tarpen 42, 22848 Norderstedt

Imprint
Publisher: BABADADA GmbH, Nedderfeld 112 , 22529 Hamburg, Germany
Managing Director / Publishing direction: Harald Hof
Print: Books on Demand GmbH, In de Tarpen 42, 22848 Norderstedt, Germany

escuela
skole

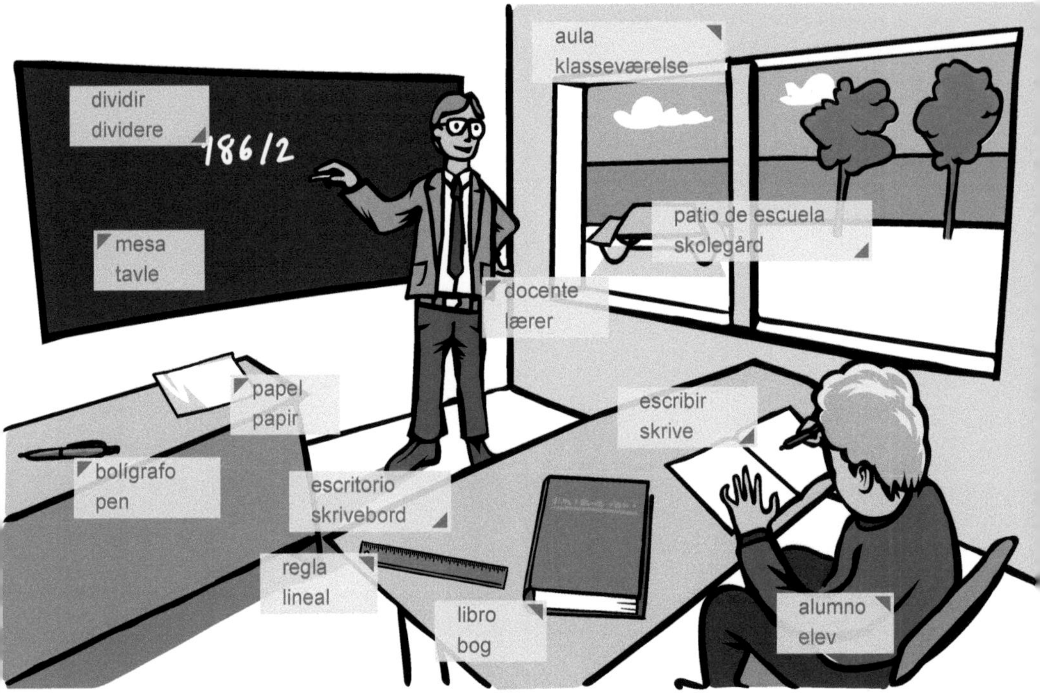
aula
klasseværelse
dividir
dividere
186/2
mesa
tavle
patio de escuela
skolegård
docente
lærer
papel
papir
escribir
skrive
bolígrafo
pen
escritorio
skrivebord
regla
lineal
libro
bog
alumno
elev

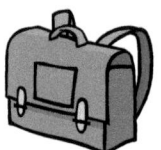

mochila escolar

skoletaske

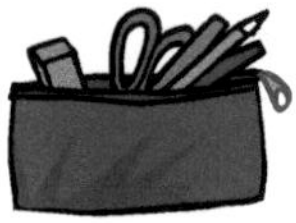

caja de lápices

penalhus

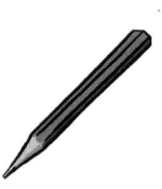

lápiz

blyant

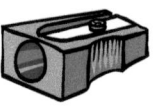

sacapuntas

blyantspidser

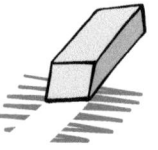

goma de borrar

viskelæder

bloc de dibujo

tegneblok

dibujo
tegning

pincel
pensel

caja de pinturas
æske med vandfarver

tijera
saks

pegamento
lim

libro de ejercicios
opgavehefte

tarea
lektie

12

número
tal

2+2

sumar
addere

5-2

restar
subtrahere

2×2

multiplicar
multiplicere

calcular
regne

A

letra
bogstav

ABCDEFG HIJKLMN OPQRSTU VWXYZ

alfabeto
alfabet

hello

palabra
ord

texto
....
tekst

leer
....
læse

tiza
....
kridt

lección
....
time

libro de clase
....
klasseprotokol

examen
....
eksamen

certificado
....
karakterbog

uniforme escolar
....
skoleuniform

educación
....
uddannelse

enciclopedia
....
leksikon

universidad
....
universitet

microscopio
....
mikroskop

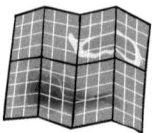
mapa
....
kort

cesto de papeles
....
papirkurv

viaje
rejse

hotel
hotel
Grand
albergue
herberg
ROOMS
casa de cambio
vekselkontor
EXCHANGE
maleta
kuffert
auto
bil

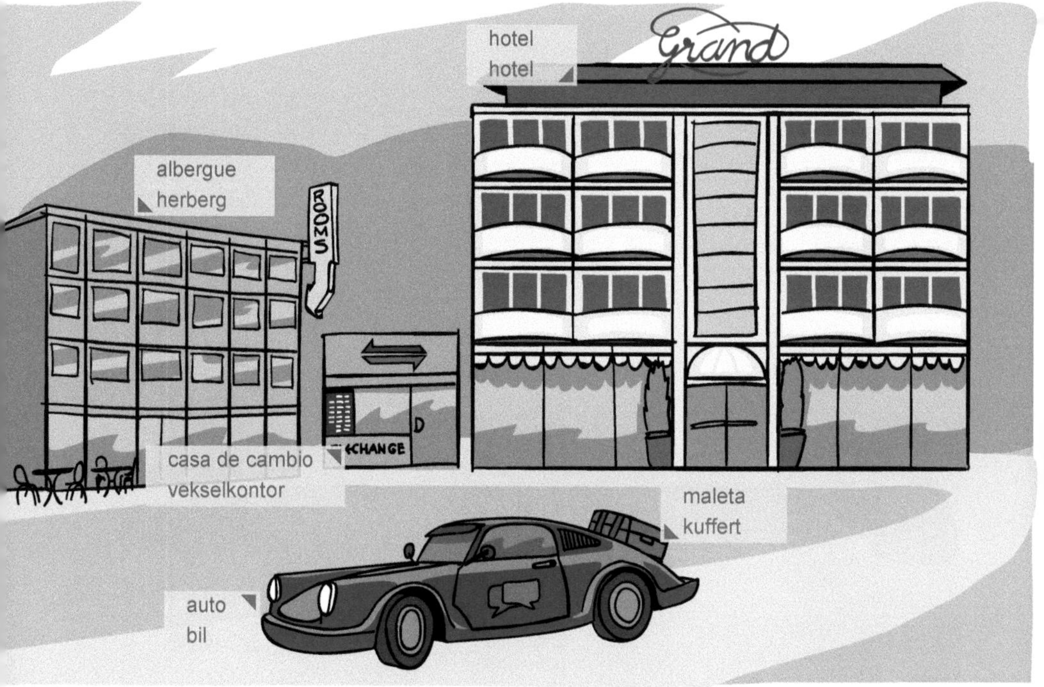

idioma
sprog

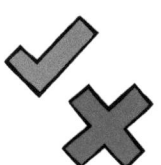

sí / no
ja / nej

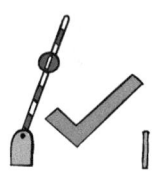

ok
okay

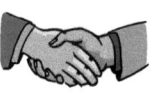

hola
hej

intérprete
oversætter

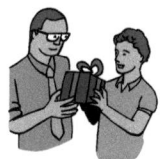

gracias
tak

¿Cuánto cuesta...?

hvad koster...?

No entiendo

Jeg forstår ikke

problema

problem

¡Buenas tardes!

God aften!

¡Buenos días!

God morgen!

¡Buenas noches!

God nat!

adiós

farvel

dirección

retning

equipaje

bagage

bolso

taske

mochila

rygsæk

invitado

gæst

cuarto

værelse

saco de dormir

sovepose

tienda de campaña

telt

información al turista

turistinformation

playa

strand

tarjeta de crédito

kreditkort

desayuno

morgenmad

almuerzo

middagsmad

cena

aftensmad

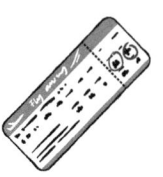

pasaje

billet

ascensor

elevator

sello

frimærke

límite

grænse

aduana

told

embajada

ambassade

visa

visum

pasaporte

pas

transporte
transport

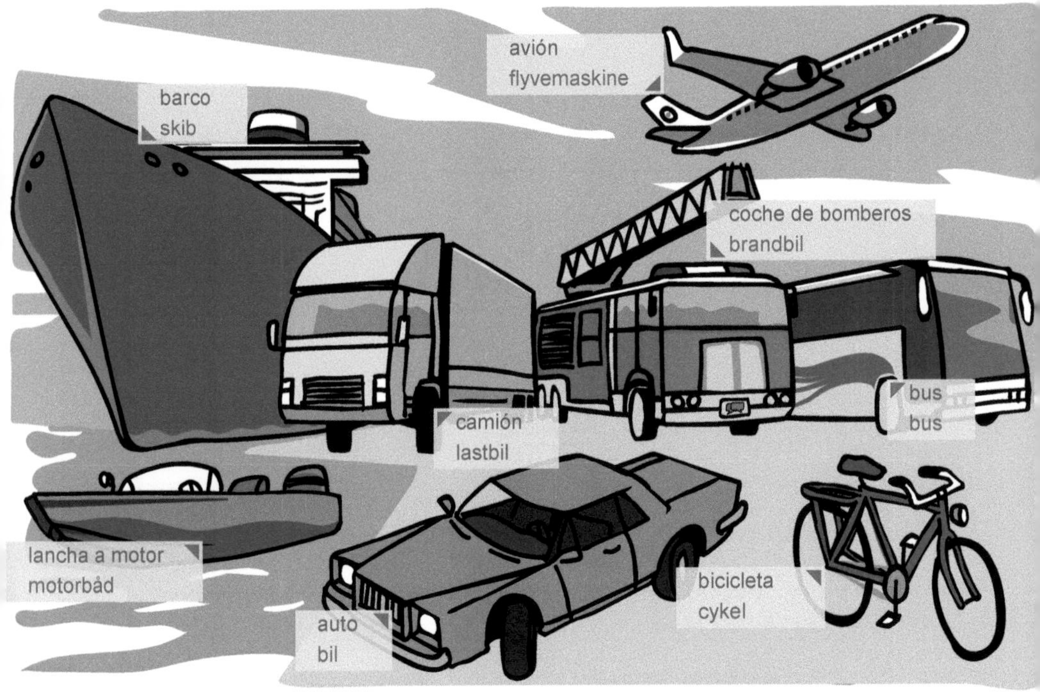

avión
flyvemaskine
barco
skib
coche de bomberos
brandbil
bus
bus
camión
lastbil
lancha a motor
motorbåd
bicicleta
cykel
auto
bil

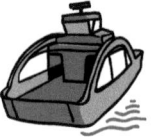

balsa
færge

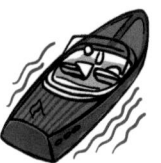

lancha
båd

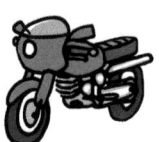

motocicleta
motorcykel

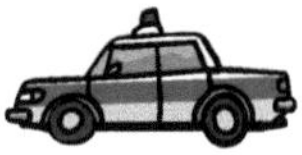

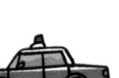

auto de policía
politibil

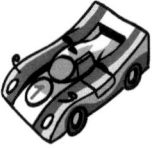

auto de carreras
racerbil

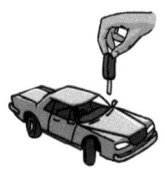

auto de alquiler
lejebil

alquiler de autos

samkørsel

grúa

kranbil

vehículo recolector de basura

skraldebil

motor

motor

gasolina

benzin

gasolinera

tankstation

señal de tráfico

trafikskilt

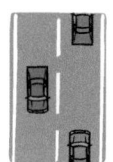

tránsito

trafik

atasco

trafikprop

estacionamiento

parkeringsplads

estación de tren

banegård

carril

skinner

tren

tog

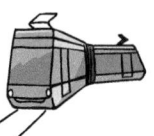

tranvía

sporvogn

vagón

wagon

helicóptero

helikopter

aeropuerto

lufthavn

torre

tårn

pasajero

passager

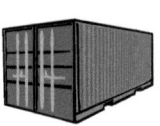

contenedor

container

caja de cartón

karton

carro

kærre

cesta

kurv

despegar / aterrizar

starte / lande

ciudad

by

aldea

landsby

centro de la ciudad

bymidte

casa

hus

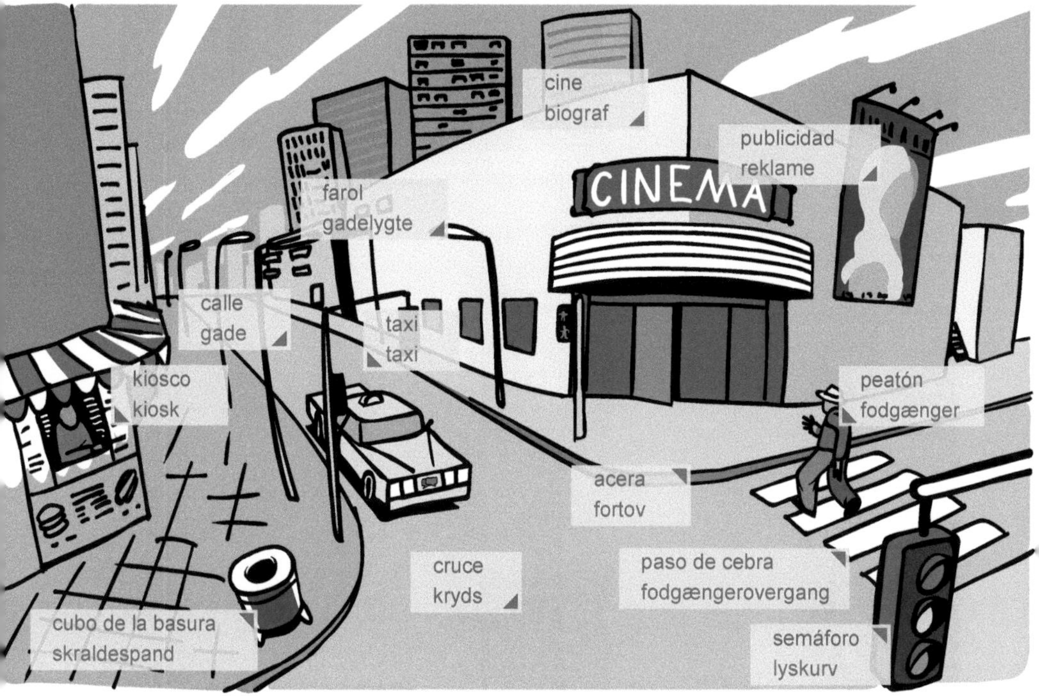

cine
biograf

publicidad
reklame

farol
gadelygte

CINEMA

calle
gade

taxi
taxi

kiosco
kiosk

peatón
fodgænger

acera
fortov

cruce
kryds

paso de cebra
fodgængerovergang

cubo de la basura
skraldespand

semáforo
lyskurv

cabaña

hytte

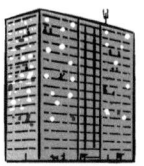

apartamento

lejlighed

estación de tren

banegård

ayuntamiento

rådhus

museo

museum

escuela

skole

universidad

universitet

banco

bank

hospital

sygehus

hotel

hotel

farmacia

apotek

oficina

kontor

librería

boghandel

negocio

butik

florería

blomsterbutik

supermercado

supermarked

mercado

marked

grandes almacenes

stormagasin

pescadería

fiskehandler

centro comercial

butikscenter

puerto

havn

parque

park

banco

bænk

puente

bro

escalera

trappe

metro

undergrundsbane

túnel

tunnel

parada de autobuses

busstoppested

bar

barnevogn

restaurante

restaurant

buzón de correo

postkasse

letrero

vejskilt

parquímetro

parkometer

zoológico

zoo

piscina

badeanstalt

mezquita

moske

granja
bondegård

polución
miljøforurening

cementerio
kirkegård

iglesia
kirke

parque infantil
legeplads

templo
tempel

paisaje
landskab

hoja
blad

indicador de camino
vejviser

sendero
vej

pradera
eng

piedra
sten

árbol
træ

caminante
vandrer

río
flod

pasto
græs

flor
blomst

valle
dal

montaña
bjerg

lago
sø

bosque
skov

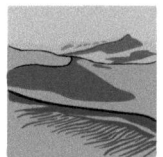

desierto
ørken

volcán
vulkan

castillo
slot

arco iris
regnbue

seta
svamp

palmera
palme

mosquito
moskito

mosca
flue

hormiga
myre

abeja
bi

araña
edderkop

escarabajo
bille

rana
frø

ardilla
egern

erizo
pindsvin

liebre
hare

lechuza
ugle

pájaro
fugl

cisne
svane

jabalí
vildsvin

ciervo
hjort

alce
elg

embalse
dæmning

aerogenerador
vindmølle

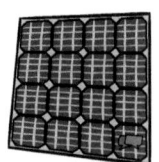

módulo solar
solcellemodul

clima
klima

restaurante
restaurant

camarero
tjener
carta del menú
spisekort
silla
stol
sopa
suppe
pizza
pizza
cubiertos
bestik
mantel
borddug

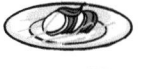

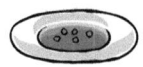

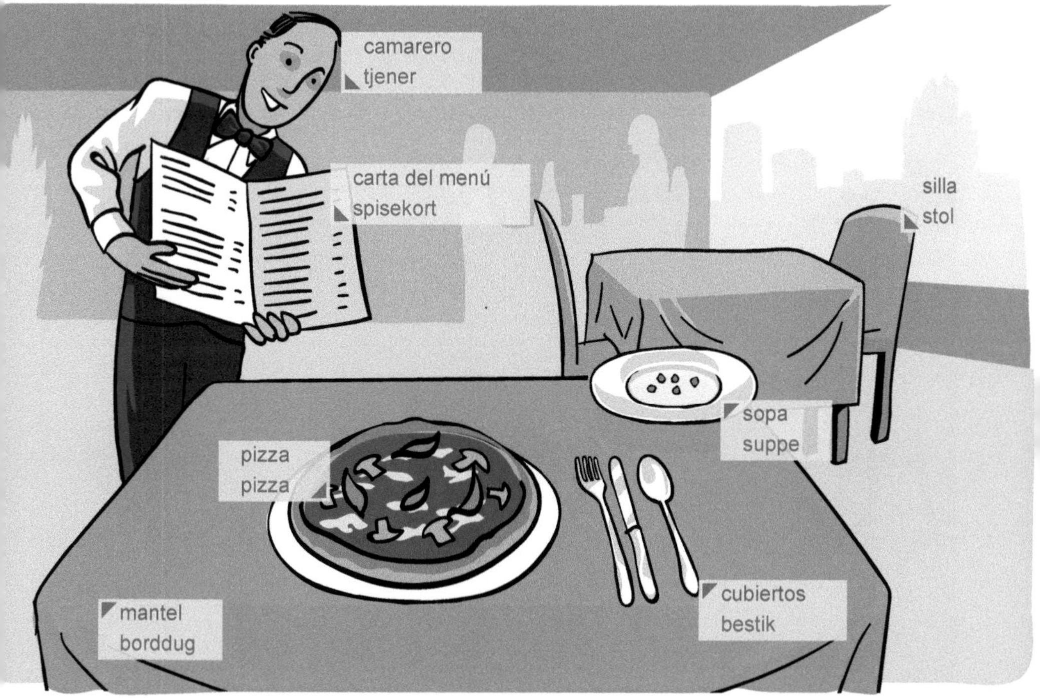

entrada

forret

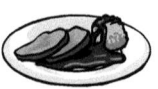

plato principal

hovedret

postre

dessert

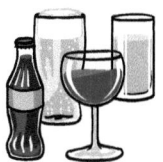

bebida

drikkevarer

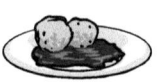

comida

mad

botella

flaske

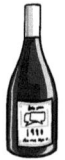

comida rápida

fastfood

comida callejera

streetfood

tetera

tekande

azucarera

sukkerdåse

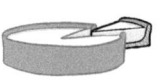

porción

portion

máquina de espresso

espressomaskine

silla alta

barnestol

factura

faktura

bandeja

tablet

cuchillo

kniv

tenedor

gaffel

cuchara

ske

cuchara de té

teske

servilleta

serviet

vaso

glas

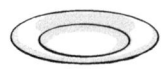

plato

tallerken

plato de sopa

dyb tallerken

platillo

underkop

salsa

sovs

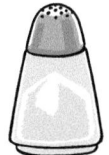

salero

saltbøsse

molinillo para pimienta

peberkværn

vinagre

eddike

aceite

olie

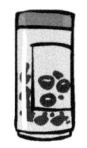

especias

krydderier

ketchup

ketchup

mostaza

sennep

mayonesa

mayonnaise

supermercado
supermarked

oferta
tilbud
FOR
cliente
kunde
productos lácteos
mælkeprodukter
fruta
frugt
carrito de compras
indkøbsvogn

BUTCHERS

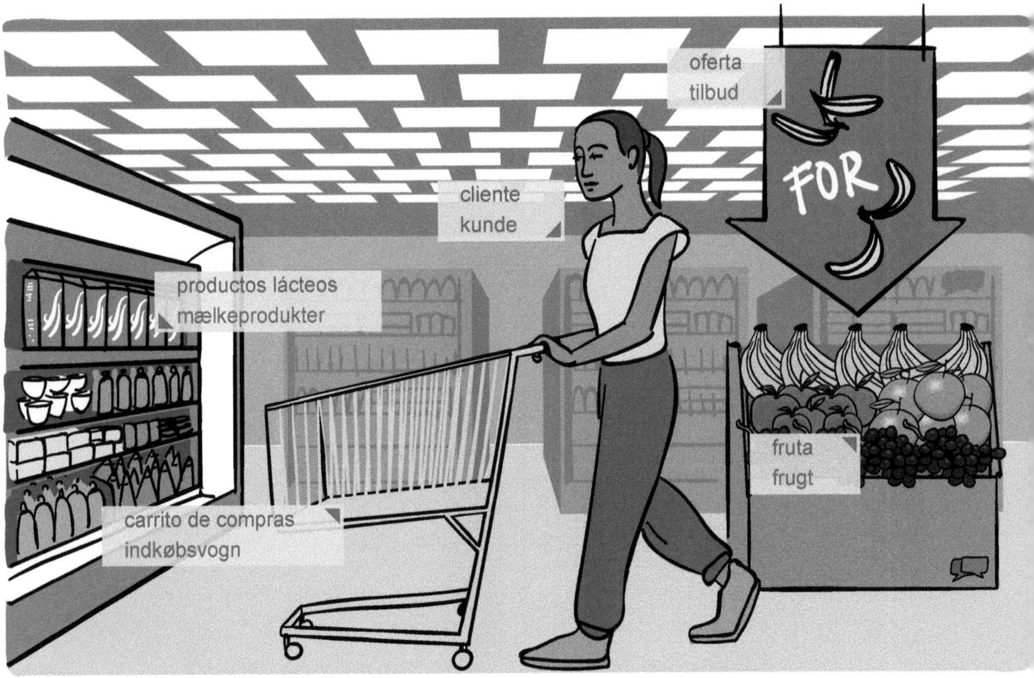

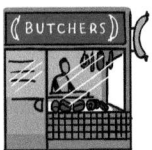

carnicería

slagter

BAKERY

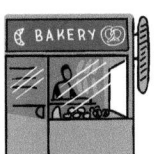

panadería

bageri

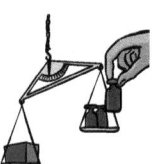

pesar

veje

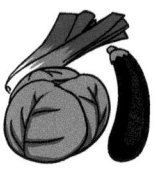

verdura

grøntsager

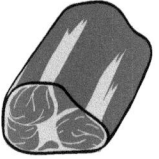

carne

kød

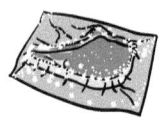

alimentos congelados

frostvarer

fiambre

pålæg

conservas

konserves

detergente en polvo

vaskemiddel

dulces

slik

artículos domésticos

husholdningsvarer

productos de limpieza

rengøringsmidler

vendedora

ekspedient

caja

kasse

cajero

kasserer

lista de compras

indkøbsliste

horario de atención

åbningstider

cartera

tegnebog

tarjeta de crédito

kreditkort

maleta

taske

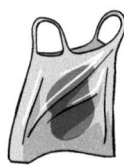

bolsa plástica

plasticpose

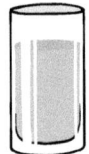

agua

vand

jugo

saft

leche

mælk

refresco de cola

cola

vino

vin

cerveza

øl

alcohol

alkohol

cacao

kakao

té

te

café

kaffe

espresso

espresso

cappuccino

cappuccino

banana

banan

manzana

æble

naranja

appelsin

sandía

melon

limón

citron

zanahoria

gulerod

ajo

hvidløg

bambú

bambus

cebolla

løg

seta

svamp

nueces

nødder

fideos

nudler

espagueti

spaghetti

arroz

ris

ensalada

salat

patatas fritas

pomfritter

patatas salteadas

stegte kartofler

pizza

pizza

hamburguesa

hamburger

sándwich

sandwich

escalope

schnitzel

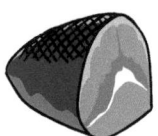

jamón

skinke

salame

salami

embutido

pølse

pollo

kylling

asado

steg

pescado

fisk

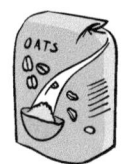

copos de avena
havregryn

musli
mysli

copos de maíz tostado
cornflakes

harina
mel

croissant
croissant

panecillo
rundstykke

pan
brød

tostada
toast

galletas
kiks

mantequilla
smør

cuajada
kvark

pastel
kage

huevo
æg

huevo frito
spejlæg

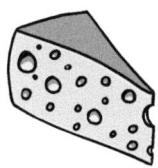

queso
ost

helado
is

azúcar
sukker

miel
honning

mermelada
marmelade

praliné
nougat-creme

curry
karry

granja
bondegård

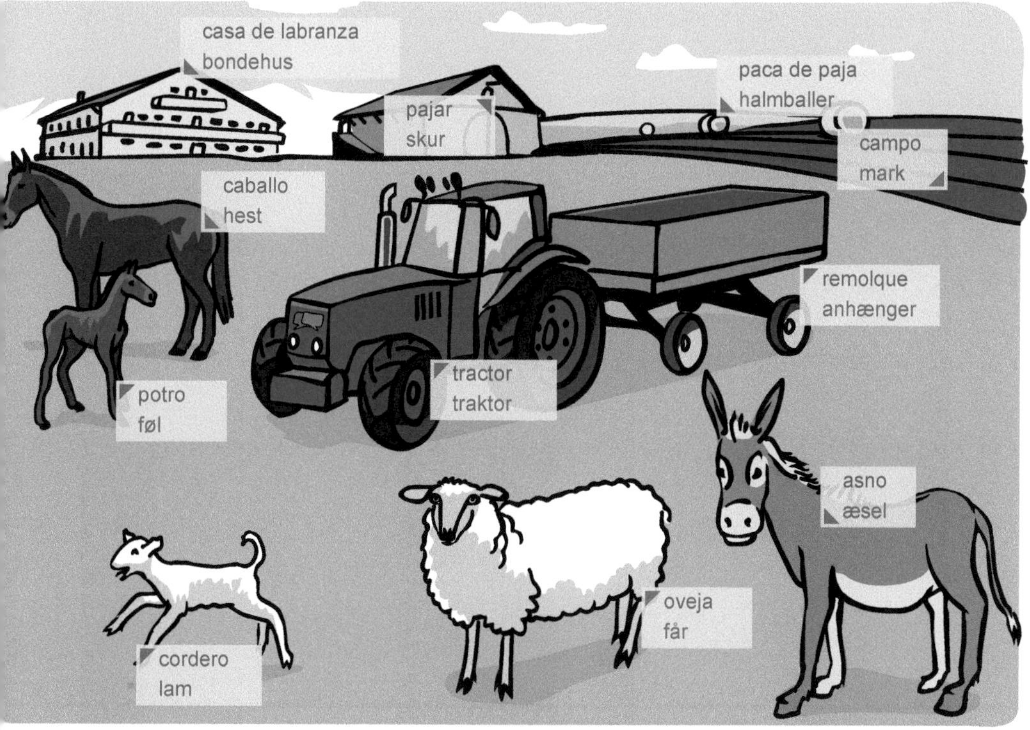

casa de labranza
bondehus
pajar
skur
paca de paja
halmballer
campo
mark
caballo
hest
remolque
anhænger
potro
føl
tractor
traktor
asno
æsel
oveja
får
cordero
lam

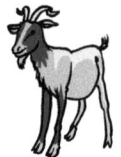

cabra

ged

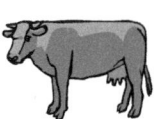

vaca

ko

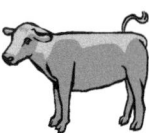

ternero

kalv

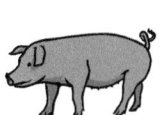

cerdo

svin

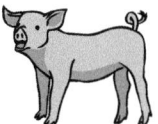

lechón

gris

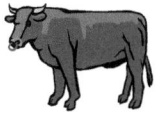

toro

tyr

ganso

gås

pato

and

polluelo

kylling

pollo

høne

gallo

hane

rata

rotte

gato

kat

ratón

mus

buey

okse

perro

hund

caseta del perro

hundehus

manguera de riego

haveslange

regadera

vandkande

guadaña

le

arado

plov

hoz
segl

azada
hakkejern

bieldo
møggreb

hacha
økse

carretilla
trillebør

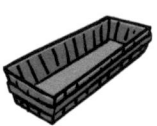

abrevadero
trug

lechera
mælkekande

saco
sæk

cerca
hæk

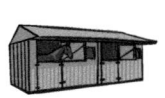

establo
stald

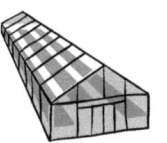

invernadero
drivhus

suelo
jord

semilla
frø

fertilizante
gødning

cosechadora
mejetærsker

cosechar

høste

cosecha

høst

raíz de ñame

yams

trigo

hvede

soja

soja

patata

kartoffel

maíz

majs

colza

raps

Árbol frutal

frugttræ

mandioca

maniok

cereales

korn

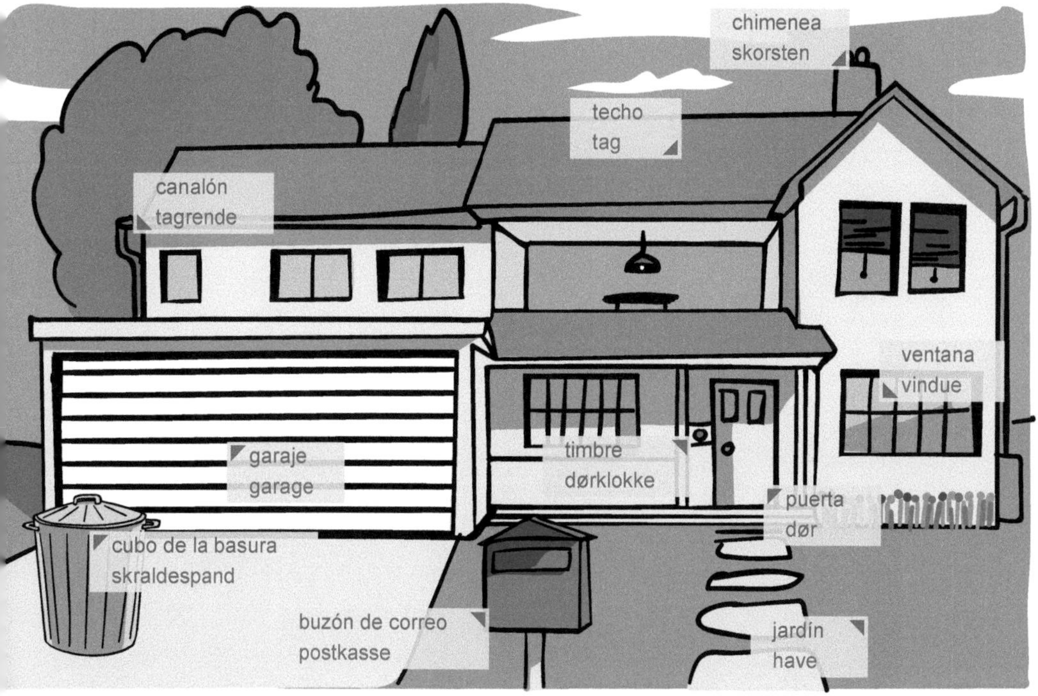

chimenea
skorsten

techo
tag

canalón
tagrende

ventana
vindue

garaje
garage

timbre
dørklokke

puerta
dør

cubo de la basura
skraldespand

buzón de correo
postkasse

jardín
have

cuarto de estar
·············
stue

cuarto de baño
·············
badeværelse

cocina
·············
køkken

dormitorio
·············
soveværelse

cuarto de los niños
·············
børneværelse

comedor
·············
spisestue

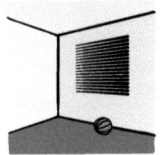

piso
gulv

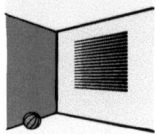

pared
væg

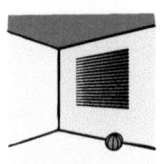

cielorraso
loft

sótano
kælder

sauna
sauna

balcón
altan

terraza
terrasse

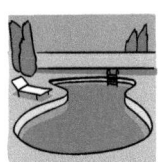

piscina
svømmehal

cortacésped
plæneklipper

funda nórdica
dynebetræk

edredón
dyne

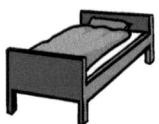

cama
seng

escoba
kost

cubo
spand

interruptor
kontakt

cuarto de estar

stue

papel para empapelar
tapet
imagen
billede
lámpara
lampe
estante
reol
gabinete
skab
televisor
fjernsyn
hogar
pejs
flor
blomst
cojín
pude
sofá
sofa
florero
vase
control remoto
fjernbetjening

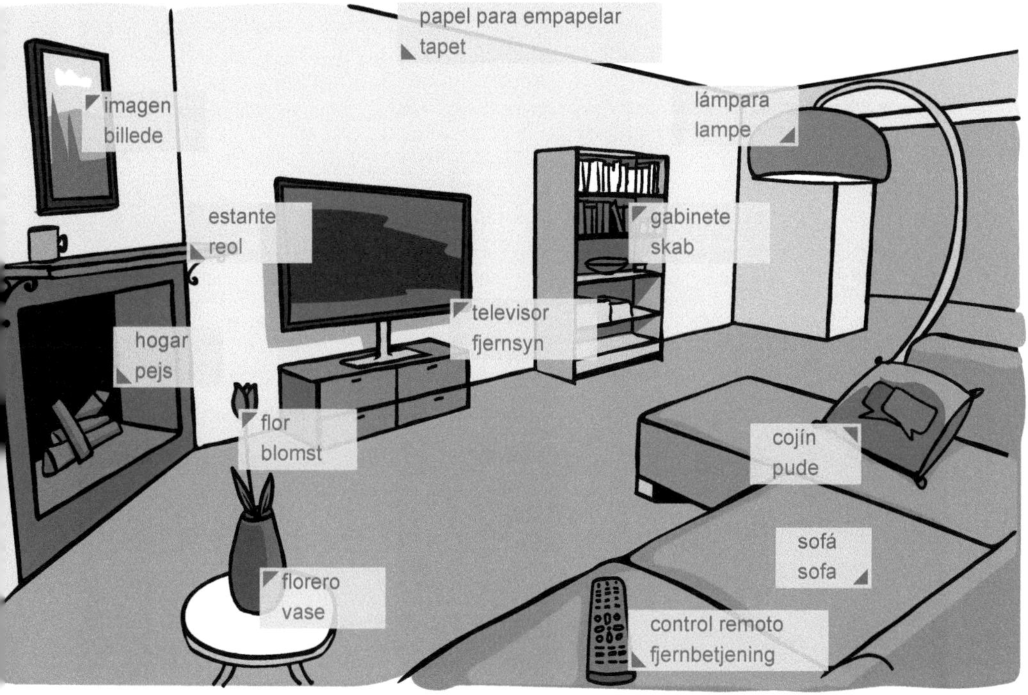

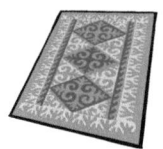

alfombra

gulvtæppe

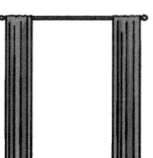

cortina

gardin

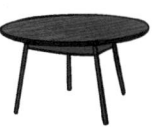

mesa

bord

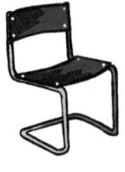

silla

stol

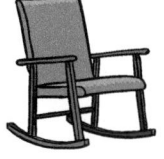

mecedora

gyngestol

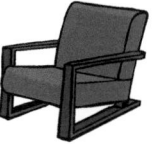

sillón

lænestol

libro

bog

frazada

tæppe

decoración

dekoration

leña

brænde

film

film

equipo estereofónico

stereoanlæg

llave

nøgle

periódico

avis

cuadro

maleri

póster

plakat

radio

radio

bloc de notas

notesblok

aspiradora

støvsuger

cactus

kaktus

vela

lys

cocina
køkken

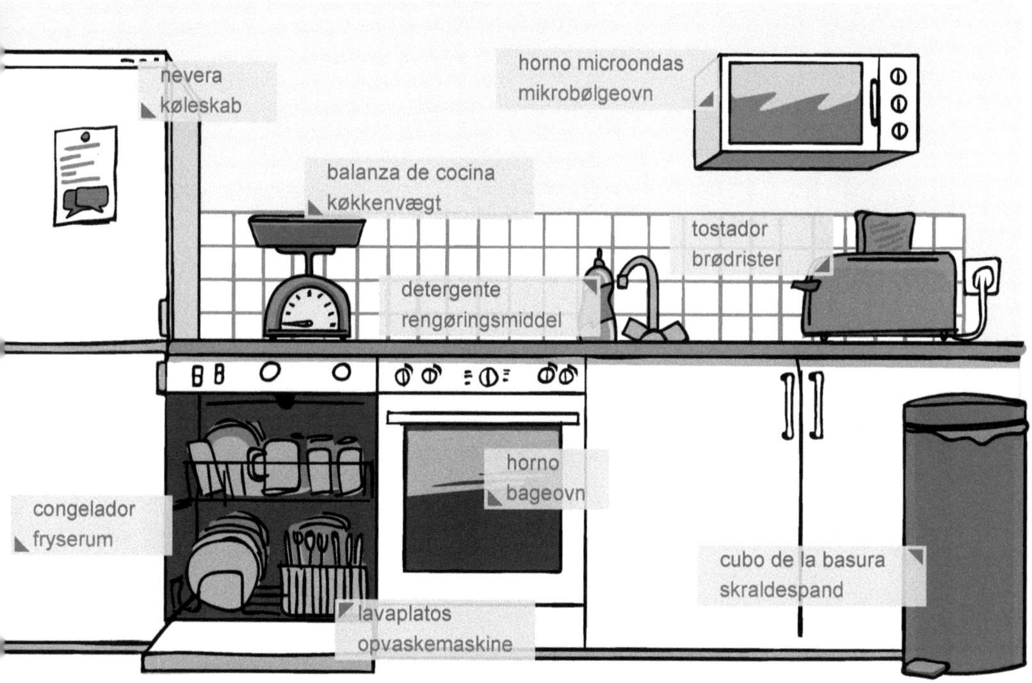

nevera
køleskab
horno microondas
mikrobølgeovn
balanza de cocina
køkkenvægt
tostador
brødrister
detergente
rengøringsmiddel
horno
bageovn
congelador
fryserum
cubo de la basura
skraldespand
lavaplatos
opvaskemaskine

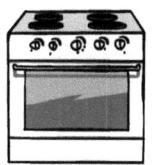

cocina

komfur

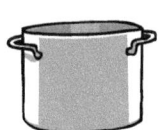

olla

gryde

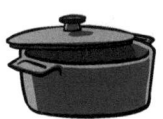

olla de fundición de hierro

jerngryde

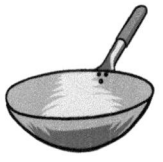

wok / kadai

wok / kadai

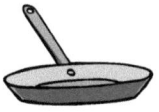

sartén

pande

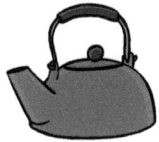

hervidor de agua

elkedel

olla de vapor

dampkoger

bandeja de horno

bageplade

vajilla

service

vaso

bæger

bol

skål

palillos para comer

spisepinde

cucharón de sopa

øseske

espátula

paletkniv

batidor

piskeris

colador

dørslag

cedazo

si

rallador

rive

mortero

morter

parrillada

grille

fogata

ildsted

tabla de picar

skærebræt

rodillo

kagerulle

sacacorchos

proptrækker

lata

dåse

abrelatas

dåseåbner

agarrador

grydelap

fregadero

køkkenvask

cepillo

børste

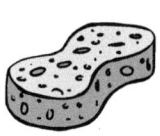

esponja

svamp

batidora

blender

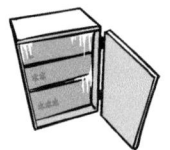

arcón congelador

dybfryser

biberón

sutteflaske

grifo

vandhane

cuarto de baño
badeværelse

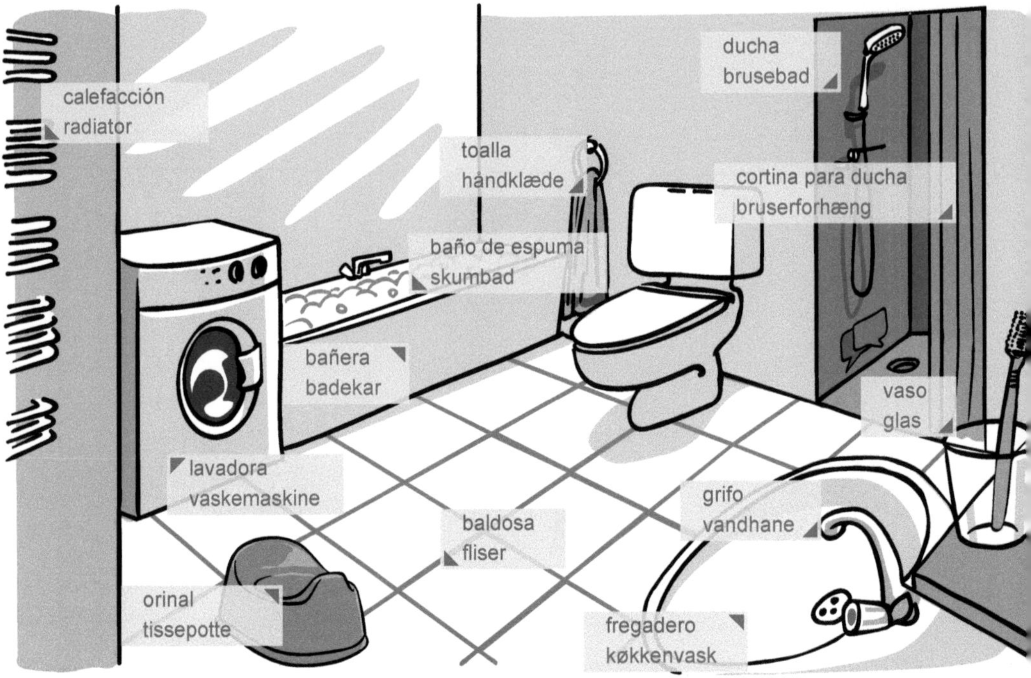

calefacción
radiator
toalla
håndklæde
ducha
brusebad
cortina para ducha
bruserforhæng
baño de espuma
skumbad
bañera
badekar
vaso
glas
lavadora
vaskemaskine
grifo
vandhane
baldosa
fliser
orinal
tissepotte
fregadero
køkkenvask

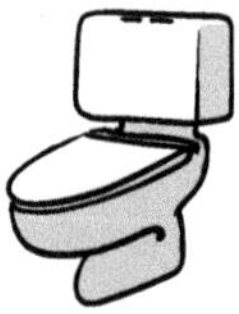

cuarto de baño
toilet

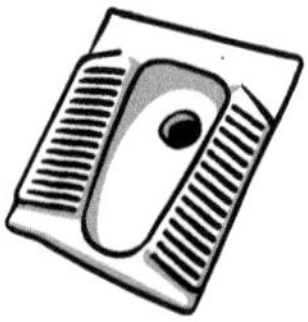

placa turca
hugsiddende toilet

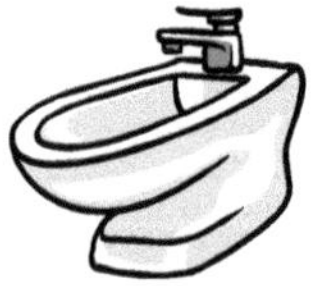

bidé
bidet

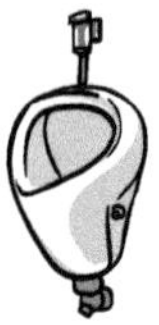

urinario
pissoir

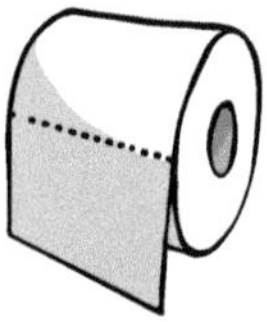

papel higiénico
toiletpapir

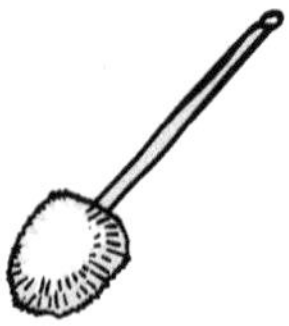

escobilla para el cuarto de baño
toiletbørste

cepillo de dientes

tandbørste

pasta dentífrica

tandpasta

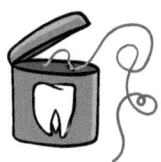

seda dental

tandtråd

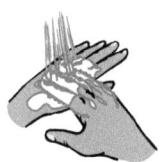

lavar

vaske

ducha teléfono

håndbruser

ducha higiénica

intimbruser

cuenco

vaskefad

cepillo para la espalda

badebørste

jabón

sæbe

gel de ducha

brusegele

champú

shampoo

manopla para baño

vaskeklud

desagüe

afløb

crema

creme

desodorante

deodorant

espejo

spejl

espejo de maquillaje

kosmetikspejl

máquina de afeitar

barberhøvl

espuma de afeitar

barberskum

loción para después del afeitado

barbervand

peine

kam

cepillo

børste

secador para cabello

hårtørrer

laca de peinado

hårspray

maquillaje

makeup

lápiz labial

læbestift

laca para uñas

neglelak

algodón

vat

tijera para uñas

neglesaks

perfume

parfume

neceser

toilettaske

taburete

skammel

balanza

vægt

bata de baño

badekåbe

guantes de goma

gummihandsker

tampón

tampon

compresa

damebind

wáter químico

kemisk toilet

cuarto de los niños
børneværelse

despertador
vækkeur
animal de peluche
bamse
auto de juguete
legetøjsbil
sonajero
skralde
casa de muñecas
dukkehus
obsequio
gave

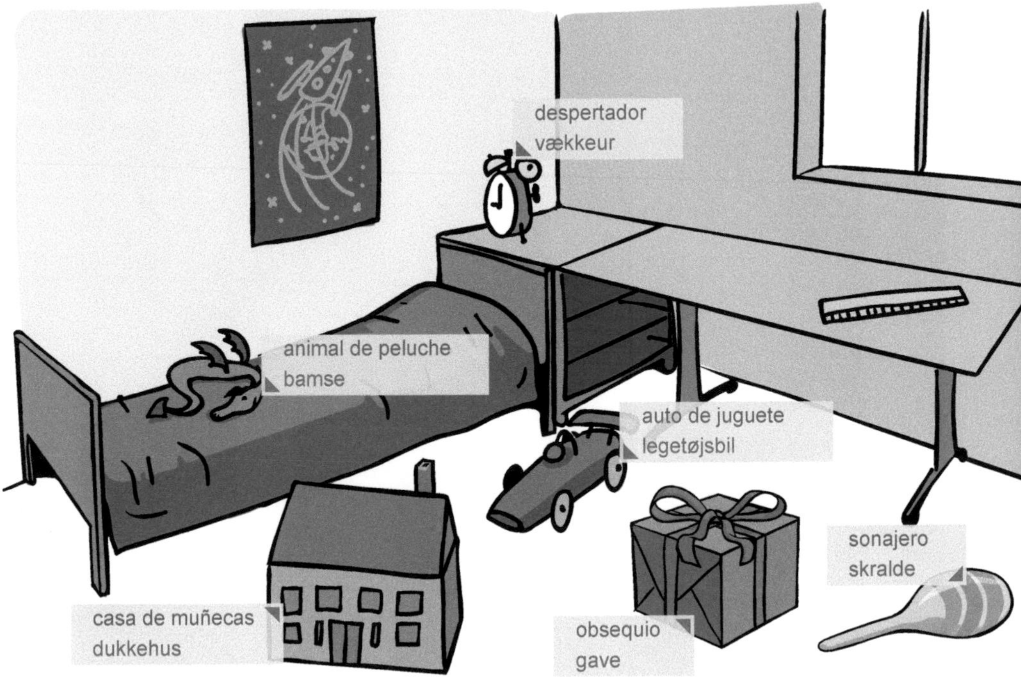

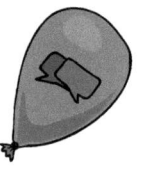

globo

ballon

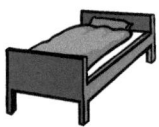

cama

seng

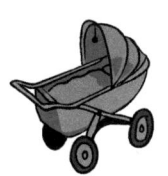

cochecito para niños

barnevogn

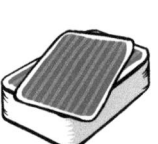

juego de barajas

kortspil

rompecabezas

puslespil

SUPER
MEGA

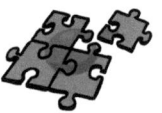

cómic

tegneserie

piezas de Lego

legoklodser

bloques para jugar

byggeklodser

figura de acción

action figur

pijama de una pieza

sparkedragt

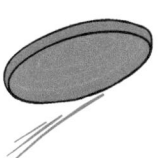

frisbee

frisbee

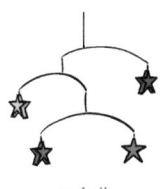

móvil

uro

juego de mesa

brætspil

dado

terning

tren eléctrico a escala

modeljernbane

chupete

sut

fiesta

fest

libro de dibujos

billedbog

pelota

bold

títere

dukke

jugar

lege

arenero

sandkasse

columpio

gynge

juguetes

legetøj

consola de videojuego

spillekonsol

triciclo

trehjulet cykel

osito de peluche

bamse

guardarropa

klædeskab

vestimenta

tøj

calcetines

sokker

medias

strømper

panti

strømpebukser

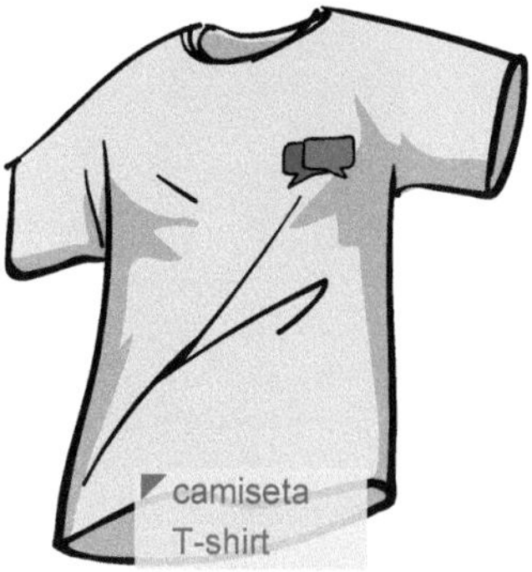

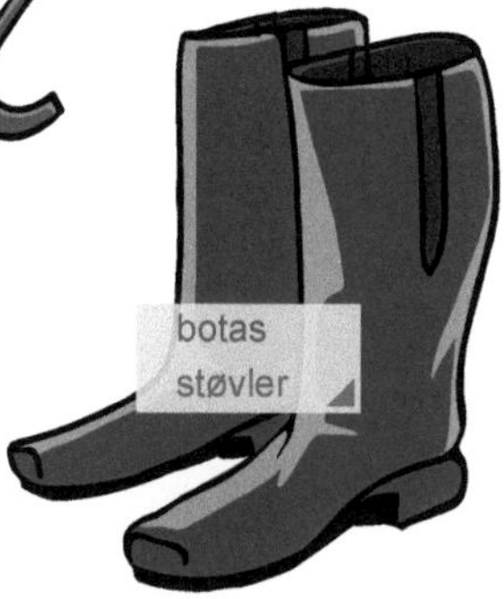

chal
sjal

cinturón
bælte

paraguas
paraply

camiseta
T-shirt

botas
støvler

zapatilla
hjemmesko

deportivas
sneakers

sandalias
....
sandaler

zapatos
....
sko

botas de goma
....
gummistøvler

ropa interior
....
underbukser

corpiño
....
BH

camiseta
....
undertrøje

body
body

pantalón
bukser

jeans
jeans

falda
nederdel

blusa
bluse

camisa
skjorte

pullover
pullover

sweater
sweatshirt

blazer
blazer

chaqueta
jakke

abrigo
frakke

impermeable
regnfrakke

traje chaqueta
kostume

vestido
kjole

vestido de bodas
brudekjole

traje

jakkesæt

camisón

nattrøje

pijama

pyjamas

sari

sari

pañuelo de cabeza

hovedtørklæde

turbante

turban

burka

burka

caftán

kaftan

abaya

abaya

traje de baño

badedragt

bañador

badebukser

shorts

korte bukser

chándal

træningsdragt

delantal

forklæde

guante

handsker

botón
knap

gafa
briller

brazalete
armbånd

cadena
kæde

anillo
ring

aro
ørering

gorra
hue

percha
bøjle

sombrero
hat

corbata
slips

cierre a cremallera
lynlås

casco
hjelm

tiradores
seler

uniforme escolar
skoleuniform

uniforme
uniform

babero

hagesmæk

chupete

sut

pañal

ble

oficina
kontor

servidor
server

archivador
arkivskab

impresora
printer

papel
papir

monitor
skærm

escritorio
skrivebord

ratón
mus

carpeta
mappe

teclado
tastatur

cesto de papeles
papirkurv

silla
stol

ordenador
computer

taza de café

kaffekrus

calculadora

lommeregner

internet

internet

laptop

bærbar

carta

brev

mensaje

besked

teléfono móvil

mobil

red

netværk

fotocopiadora

kopimaskine

software

software

teléfono

telefon

tomacorriente

stikdåse

máquina de fax

fax

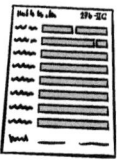

formulario

formular

documento

dokument

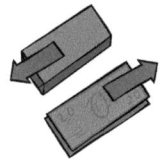

comprar
købe

pagar
betale

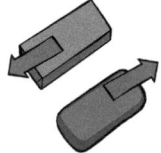

comerciar
handle

dinero
penge

 **USD**

dólar
dollar

 **EUR**

euro
euro

 **JPY**

yen
yen

 **RUB**

rublo
rubel

 **CHF**

franco
schweizerfranc

 **CNY**

renminbi
renminbi yuan

 **INR**

rupia
rupee

cajero automático
hæveautomat

casa de cambio

vekselkontor

oro

guld

plata

sølv

petróleo

olie

energía

energi

precio

pris

contrato

kontrakt

impuesto

skat

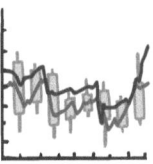

acción

aktie

trabajar

arbejde

empleado

ansat

empleador

arbejdsgiver

fábrica

fabrik

negocio

butik

policía
politimand

bombero
brandmand

cocinero
kok

médico
læge

píloto
pilot

jardinero
....
gartner

carpintero
....
tømrer

costurera
....
syerske

juez
....
dommer

químico
....
kemiker

actor
....
skuespiller

conductor de autobús

buschauffør

taxista

taxachauffør

pescador

fisker

mujer de la limpieza

rengøringskone

techista

tagdækker

camarero

tjener

cazador

jæger

pintor

maler

panadero

bager

electricista

elektriker

albañil

bygningsarbejder

ingeniero

ingeniør

carnicero

slagter

fontanero

vvs-mand

cartero

postbud

soldado

soldat

arquitecto

arkitekt

cajero

kasserer

florista

blomsterhandler

peluquero

frisør

cobrador

togfører

mecánico

mekaniker

capitán

kaptajn

odontólogo

tandlæge

científico

videnskabsmand

rabino

rabbiner

imam

imam

monje

munk

párroco

præst

ocupaciones - erhverv

herramientas
værktøj

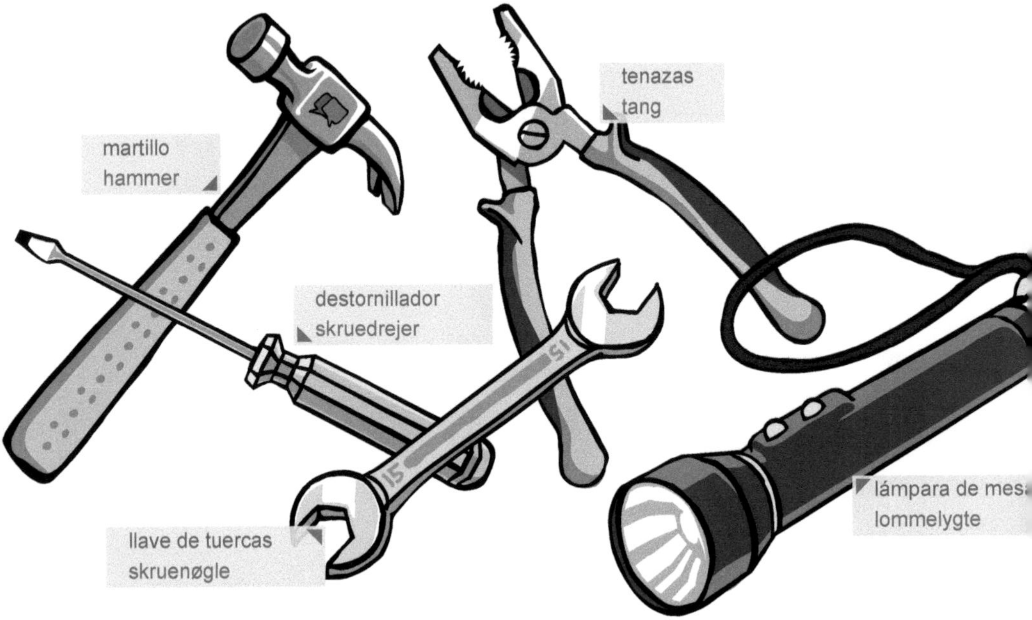
martillo
hammer
tenazas
tang
destornillador
skruedrejer
llave de tuercas
skruenøgle
lámpara de mes
lommelygte

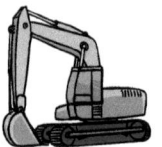

excavadora

gravemaskine

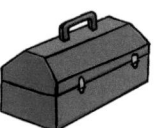

caja de herramientas

værktøjskasse

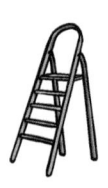

escalerilla

stige

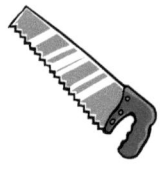

serrucho

sav

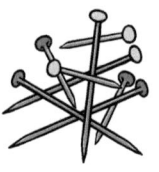

clavos

søm

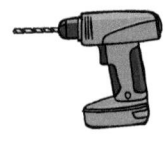

taladro

bor

reparar

reparere

pala

skovl

¡Maldición!

Lort!

recogedor

fejebakke

lata de pintura

malerspand

tornillos

skruer

instrumentos musicales
musikinstrumenter

altavoz
højttaler

batería
trommer

guitarra
guitar

contrabajo
kontrabas

trompeta
trompet

piano

klaver

violín

violin

bajo

bas

timbales

pauke

tambor

tromme

teclado

keyboard

saxofón

saxofon

flauta

fløjte

micrófono

mikrofon

zoológico

zoo

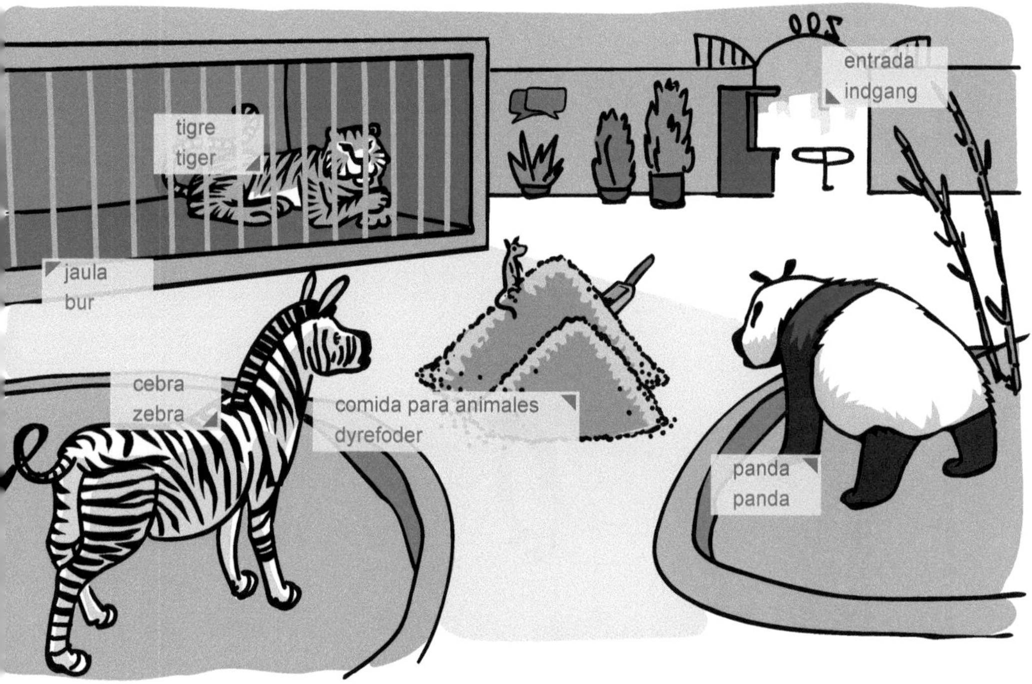

entrada
indgang
tigre
tiger
jaula
bur
cebra
zebra
comida para animales
dyrefoder
panda
panda

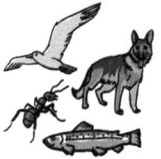

animales

dyr

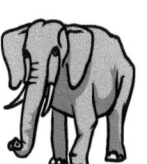

elefante

elefant

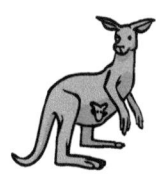

canguro

kænguru

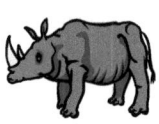

rinoceronte

næsehorn

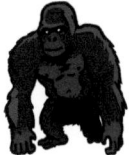

gorila

gorilla

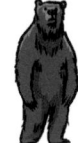

oso

bjørn

camello

kamel

avestruz

struds

león

løve

mono

abe

flamengo

flamingo

papagayo

papegøje

oso polar

isbjørn

pingüino

pingvin

tiburón

haj

pavo real

påfugl

serpiente

slange

cocodrilo

krokodille

cuidador del zoológico

dyrepasser

foca

sæl

jaguar

jaguar

pony
pony

leopardo
leopard

hipopótamo
flodhest

jirafa
giraf

águila
ørn

jabalí
vildsvin

pescado
fisk

tortuga
skildpadde

morsa
hvalros

zorro
ræv

gacela
gazelle

deporte
sport

fútbol americano
amerikansk football

ciclismo
cykling

tenis
tennis

baloncesto
basketball

natación
svømning

boxeo
boksning

hockey sobre hielo
ishockey

fútbol
fodbold

badminton
badminton

atletismo
atletik

balonmano
håndbold

esquí
skiløb

polo
polo

actividades
aktiviteter

reír
grine
saltar
springe
abrazar
give et knus
caminar
gå
cantar
synge
soñar
drømme
rezar
bede
besar
kysse

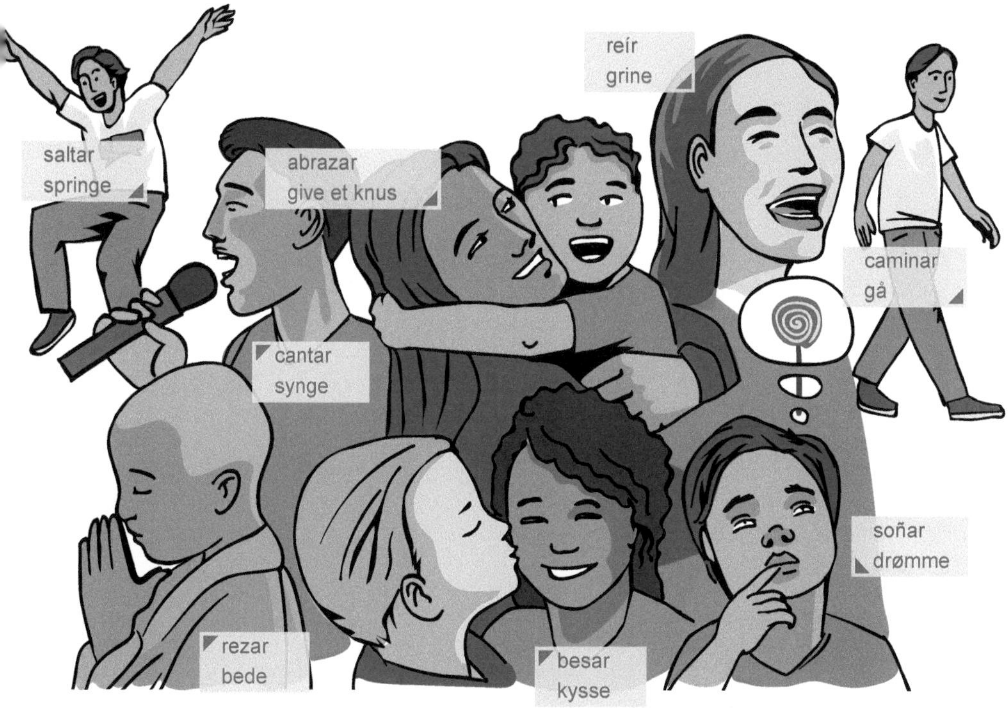

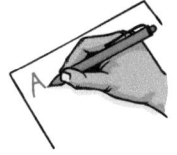

escribir

skrive

dibujar

tegne

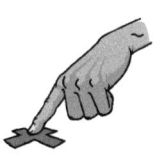

mostrar

vise

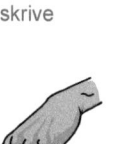

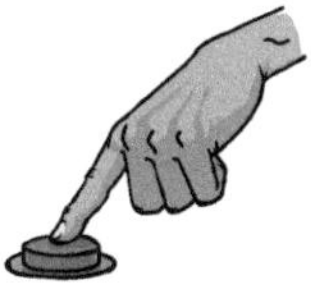

presionar

skubbe

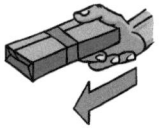

dar

give

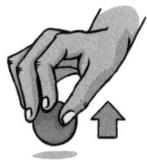

tomar

tage

tener
have

hacer
gøre

ser
være

estar de pie
stå

correr
løbe

tirar
trække

arrojar
kaste

caer
falde

estar acostado
ligge

esperar
vente

llevar
bære

estar sentado
sidde

vestirse
tage på

dormir
sove

despertar
vågne

mirar

se på

llorar

græde

acariciar

ae

peinarse

kæmme

conversar

tale

entender

forstå

preguntar

spørge

oír

høre

beber

drikke

comer

spise

asear

rydde op

amar

elske

cocinar

koge

conducir

køre

volar

flyve

navegar

sejle

calcular

regne

leer

læse

aprender

lære

trabajar

arbejde

casarse

gifte sig med

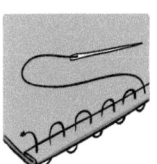

coser

sy

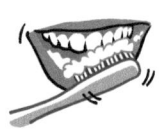

limpiarse los dientes

børste tænder

matar

dræbe

fumar

ryge

enviar

sende

familia
familie

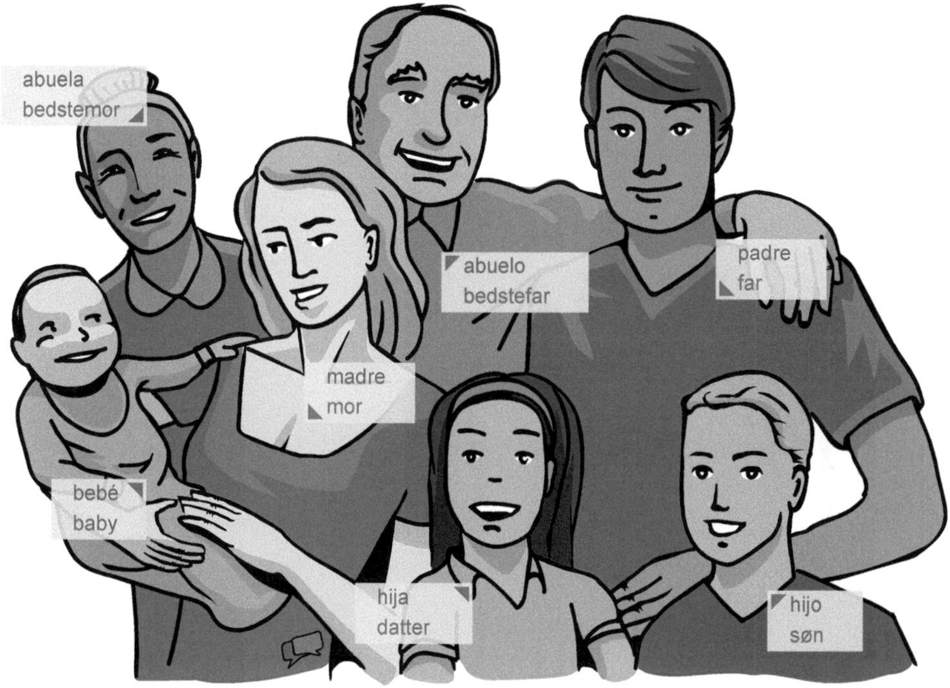
abuela
bedstemor
abuelo
bedstefar
padre
far
madre
mor
bebé
baby
hija
datter
hijo
søn

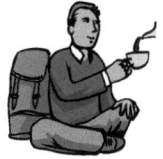

invitado

gæst

tía

tante

tío

onkel

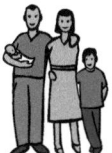

hermano

bror

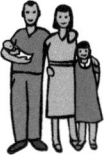

hermana

søster

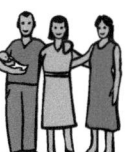

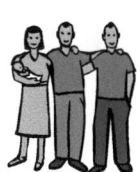

cuerpo
krop

frente
pande
ojo
øje
hombro
skulder
dedo
finger
cara
ansigt
barbilla
hage
mano
hånd
pecho
bryst
pierna
ben
brazo
arm

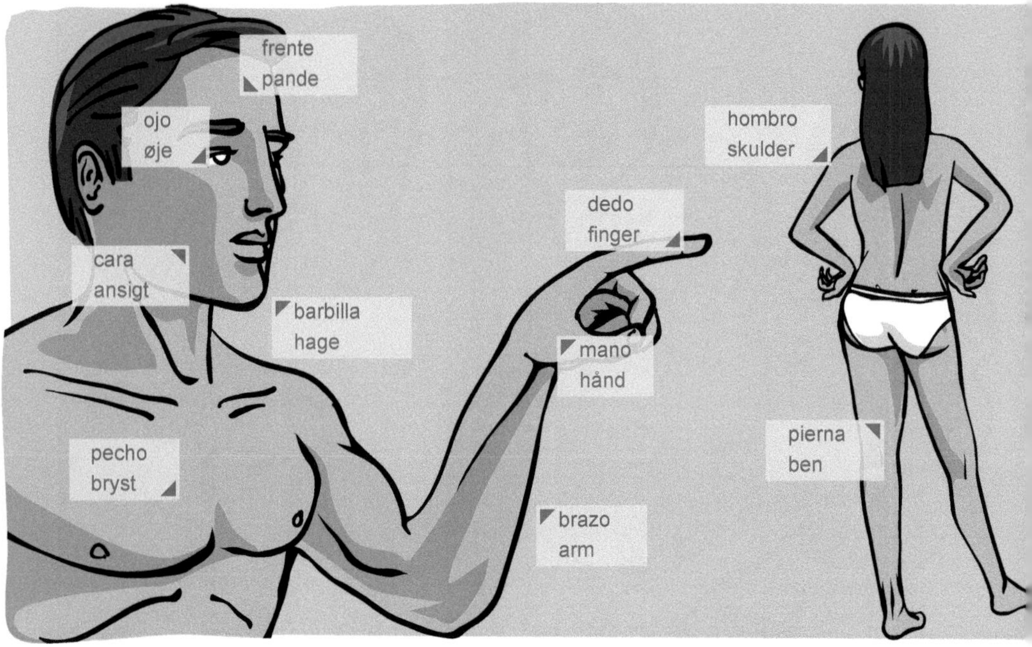

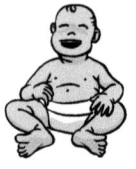

bebé

baby

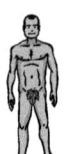

hombre

mand

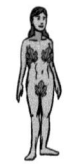

mujer

kvinde

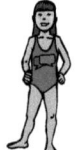

muchacha

pige

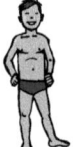

joven

dreng

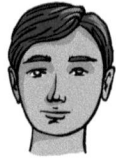

cabeza

hoved

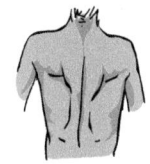

espalda

ryg

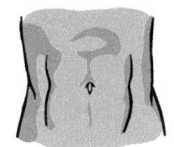

vientre

mave

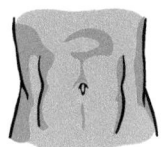

ombligo

navle

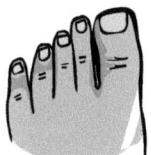

dedo del pie

tå

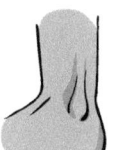

talón

hæl

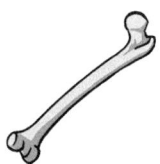

hueso

knogle

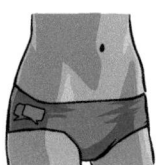

cadera

hofte

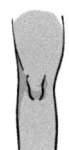

rodilla

knæ

codo

albue

nariz

næse

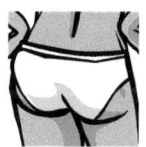

trasero

bagdel

piel

hud

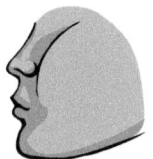

mejilla

kind

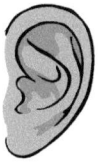

oreja

øre

labio

læbe

boca

mund

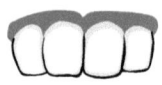

diente

tand

lengua

tunge

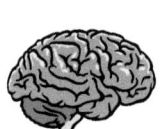

cerebro

hjerne

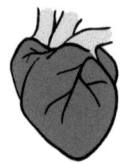

corazón

hjerte

músculo

muskel

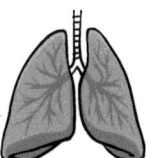

pulmón

lunge

hígado

lever

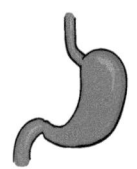

estómago

mavesæk

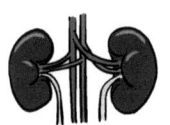

riñones

nyrer

relación sexual

sex

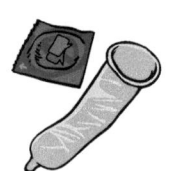

condón

kondom

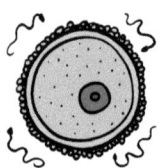

Óvulo

ægcelle

esperma

sperm

embarazo

svangerskab

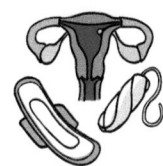

menstruación
menstruation

vagina
vagina

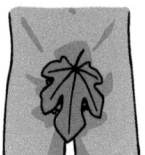

pene
penis

ceja
øjenbryn

cabello
hår

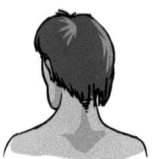

cuello
hals

hospital
sygehus

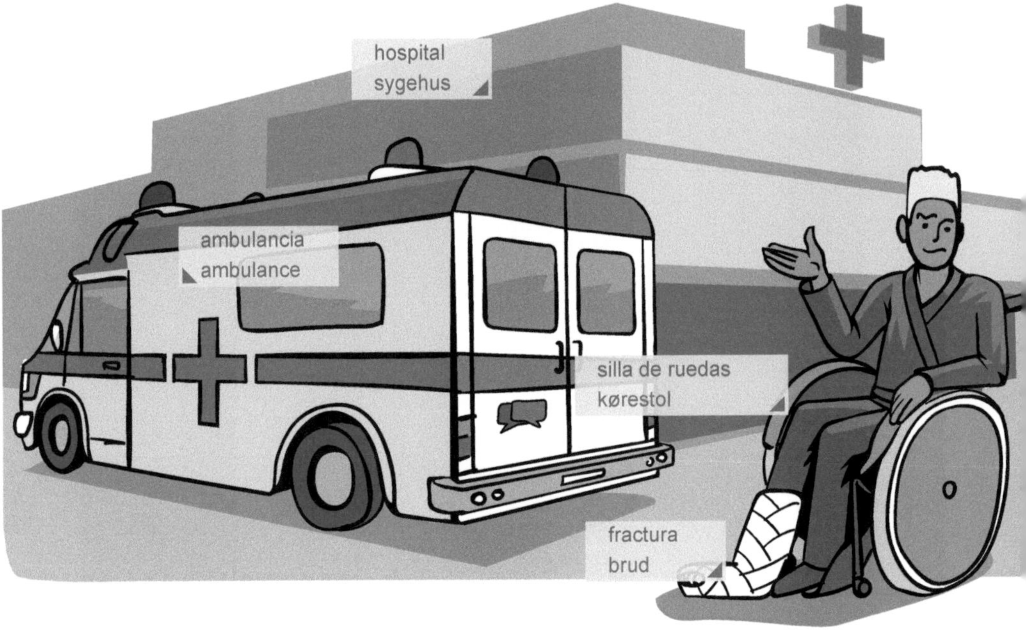

hospital
sygehus
ambulancia
ambulance
silla de ruedas
kørestol
fractura
brud

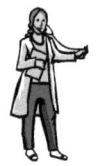

médico
lægе

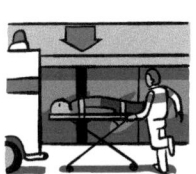

admisión de urgencia
akutmodtagelse

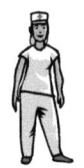

enfermera
sygeplejerske

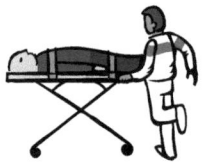

emergencia
nødstilfælde

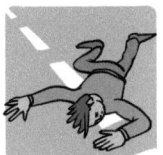

inconsciente
bevidstløs

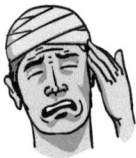

dolor
smerte

lesión
skade

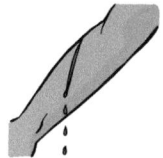

hemorragia
blødning

infarto de miocardio
hjerteinfarkt

apoplejía cerebral
slagtilfælde

alergia
allergi

tos
hoste

fiebre
feber

gripe
influenza

diarrea
diarré

dolor de cabeza
hovedpine

cáncer
kræft

diabetes
diabetes

cirujano
kirurg

escalpelo
skalpel

operación
operation

TC
CT

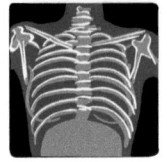

rayos X
røntgen

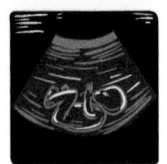

ultrasonido
ultralyd

máscara
maske

enfermedad
sygdom

sala de espera
venteværelse

muleta
krykke

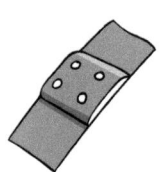

emplasto
plaster

vendaje
forbinding

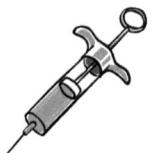

inyección
injektion

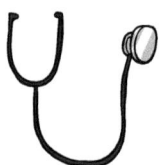

estetoscopio
stetoskop

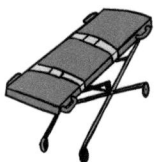

camilla
båre

termómetro
termometer

nacimiento
fødsel

sobrepeso
overvægt

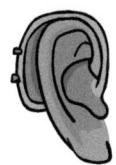

audífono

høreapparat

desinfectante

desinficerende middel

infección

infektion

virus

virus

VIH / SIDA

HIV / AIDS

medicina

medicin

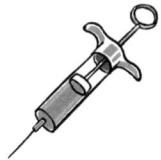

vacunación

vaccination

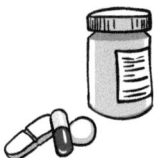

comprimido

tabletter

píldora anticonceptiva

pille

llamada de emergencia

nødopkald

medidor de presión arterial

blodtryksmåler

enfermo / saludable

syg / rask

¡Ayuda!

Hjælp!

alarma

alarm

asalto

overfald

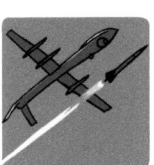

ataque

angreb

peligro

fare

salida de emergencia

nødudgang

¡Fuego!

Det brænder!

extintor

ildslukker

accidente

uheld

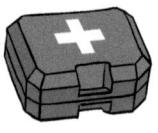

kit de primeros auxilios

førstehjælps-kuffert

SOS

SOS

Policía

politi

Europa

Europa

América del Norte

Nordamerika

América del Sur

Sydamerika

África

Afrika

Asia

Asien

Australia

Australien

Atlántico

Atlanterhavet

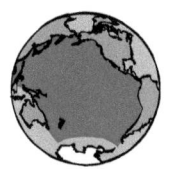

Pacífico

Stillehavet

Océano Índico

Indiske Ocean

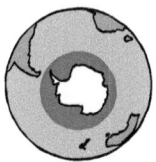

Océano Antártico

Sydlige Ishav

Océano Ártico

Ishav

Polo Norte

Nordpol

Polo Sur

Sydpol

Antártida

Antarktis

Tierra

Jorden

país

land

mar

hav

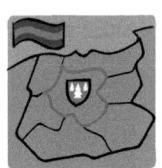

isla

ø

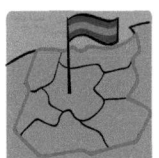

nación

nation

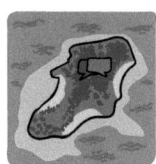

Estado

stat

cuadrante

urskive

horario

timeviser

minutero

minutviser

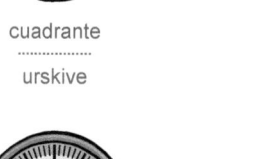

segundero

sekundviser

¿Qué hora es?

Hvad er klokken?

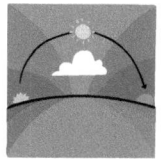

día

dag

tiempo

tid

ahora

nu

reloj digital

digitalur

minuto

minut

hora

time

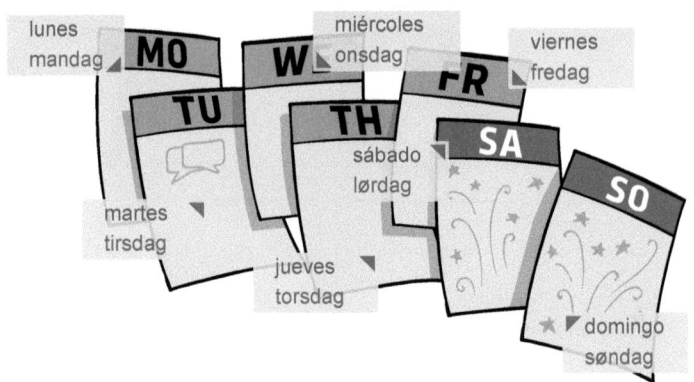

lunes
mandag — MO

miércoles
onsdag — W

viernes
fredag — FR

TU

TH

sábado
lørdag — SA

SO

martes
tirsdag

jueves
torsdag

domingo
søndag

ayer

i går

hoy

i dag

mañana

i morgen

mañana

morgen

mediodía

middag

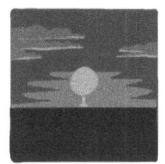

tarde

aften

MO	TU	WE	TH	FR	SA	SU
1	2	3	4	5	6	7
8	9	10	11	12	13	14
15	16	17	18	19	20	21
22	23	24	25	26	27	28
29	30	31	1	2	3	4

jornada de trabajo

arbejdsdage

MO	TU	WE	TH	FR	SA	SU
1	2	3	4	5	6	7
8	9	10	11	12	13	14
15	16	17	18	19	20	21
22	23	24	25	26	27	28
29	30	31	1	2	3	4

fin de semana

weekend

año
år

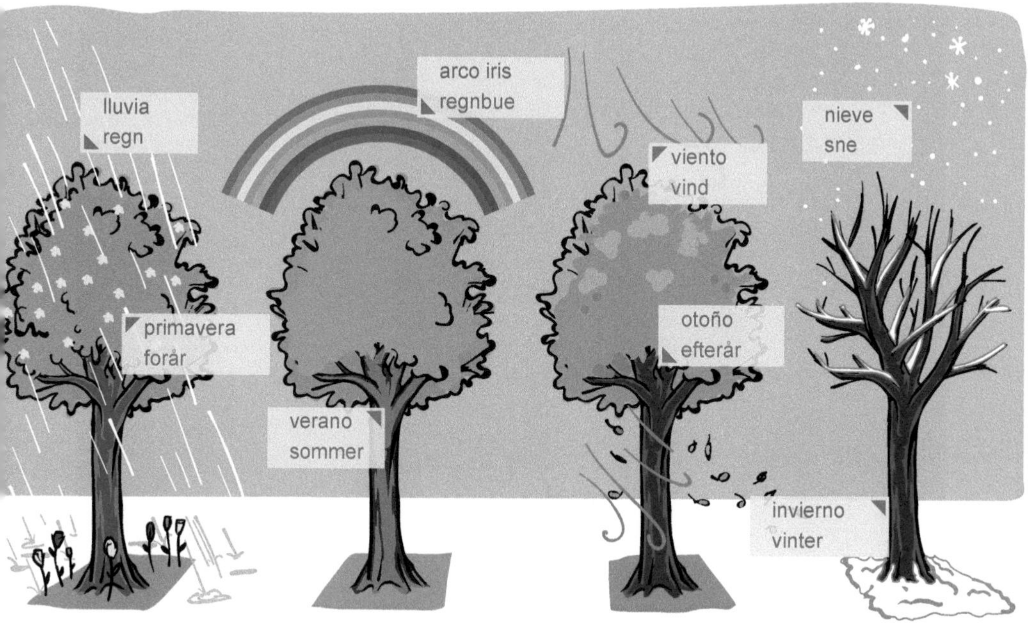
lluvia
regn
arco iris
regnbue
nieve
sne
viento
vind
primavera
forår
otoño
efterår
verano
sommer
invierno
vinter

4.APRIL 11°
5.APRIL 4°
6.APRIL 13°
7.APRIL 8°
8.APRIL 10°

pronóstico meteorológico

vejrudsigt

F C
120 40
90 30
60 20
30 10
0 0
-30 -10
-20

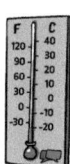

termómetro

termometer

luz solar

solskin

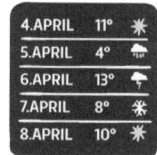

nube

sky

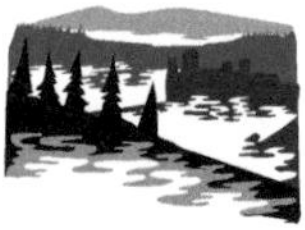

niebla

tåge

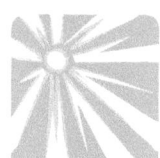

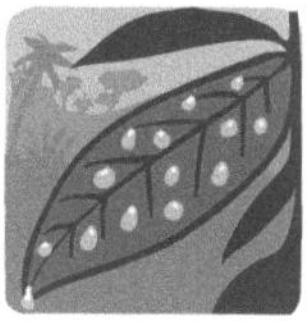

humedad ambiente

luftfugtighed

relámpago

lyn

trueno

torden

tormenta

storm

granizo

hagl

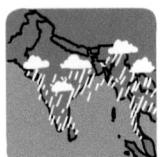

monzón

monsun

inundación

flod

hielo

is

enero

januar

febrero

februar

marzo

marts

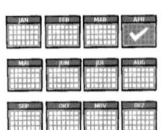

abril

april

mayo

maj

junio

juni

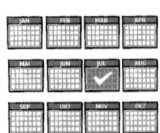

julio

juli

agosto

august

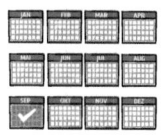

septiembre
....
september

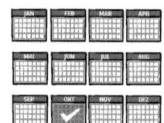

octubre
....
oktober

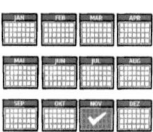

noviembre
....
november

diciembre
....
december

formas
former

círculo
....
cirkel

cuadrado
....
kvadrat

rectángulo
....
firkant

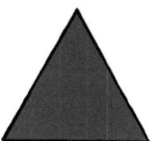

triángulo
....
trekant

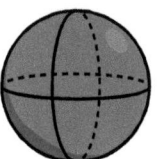

esfera
....
kugle

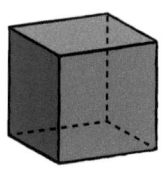

cubo
....
terning

blanco

hvid

amarillo

gul

anaranjado

orange

rosa

pink

rojo

rød

lila

lilla

azul

blå

verde

grøn

marrón

brun

gris

grå

negro

sort

mucho / poco

meget / lidt

enojado / calmado

rasende / fredelig

bonito / feo

smuk / grim

comienzo / fin

begyndelse / slut

grande / pequeño

stor / lille

claro / oscuro

lys / mørk

hermano / hermana

bror / søster

limpio / sucio

ren / snavset

completo / incompleto

fuldkommen / ufuldkommen

día / noche

dag / nat

muerto / vivo

død / levende

ancho / angosto

bred / smal

disfrutable / no disfrutable

spiselig / uspiselig

malo / amigable

vred / venlig

excitado / aburrido

ophidset / kedet

gordo / delgado

tyk / tynd

primero / último

først / sidst

amigo / enemigo

ven / fjende

lleno / vacío

fuld / tom

duro / suave

hård / blød

pesado / liviano

tung / let

hambre / sed

sult / tørst

enfermo / saludable

syg / rask

ilegal / legal

illegal / legal

inteligente / tonto

intelligent / dum

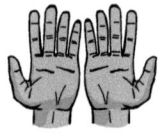

izquierda / derecha

venstre / højre

cercano / lejano

nær / fjern

opuestos - modsætninger

nuevo / usado
ny / brugt

nada / algo
intet / noget

viejo / joven
gammel / ung

encendido / apagado
tændt / slukket

abierto / cerrado
åben / lukket

bajo / fuerte
stille / højt

rico / pobre
rig / fattig

correcto / incorrecto
rigtig / forkert

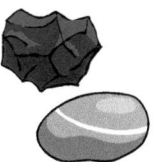

áspero / liso
ru / glat

triste / alegre
ked af det / lykkelig

breve / extenso
kort / lang

lento / veloz
langsom / hurtig

mojado / seco
våd / tør

caliente / frío
varm / kold

guerra / paz
krig / fred

0

cero

nul

1

uno

en

2

dos

to

3

tres

tre

4

cuatro

fire

5

cinco

fem

6

seis

seks

7

siete

syv

8

ocho

otte

9

nueve

ni

10

diez

ti

11

once

elleve

12

doce
tolv

13

trece
tretten

14

catorce
fjorten

15

quince
femten

16

dieciséis
seksten

17

diecisiete
sytten

18

dieciocho
atten

19

diecinueve
nitten

20

veinte
tyve

100

cien
hundrede

1.000

mil
tusinde

1.000.000

millón
million

números - tal

inglés

engelsk

inglés estadounidense

amerikansk engelsk

chino mandarín

kinesisk mandarin

hindi

hindi

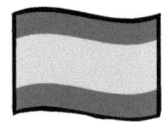

español

spansk

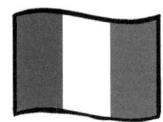

francés

fransk

árabe

arabisk

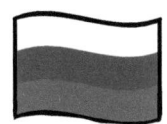

ruso

russisk

portugués

portugisisk

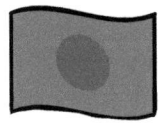

bengalí

bengalsk

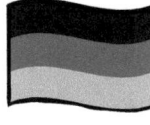

alemán

tysk

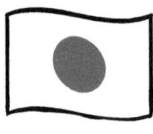

japonés

japansk

yo

jeg

tú

du

él / ella

han / hun / den / det

nosotros

vi

vosotros

I

ellos

de

¿quién?

hvem?

¿qué?

hvad?

¿cómo?

hvordan?

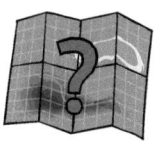

¿dónde?

hvor?

¿cuándo?

hvornår?

nombre

navn

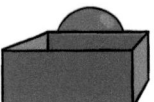

detrás
....
bag

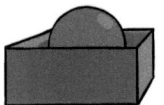

en
....
i

delante de
....
foran

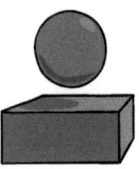

encima de
....
over

sobre
....
på

debajo de
....
under

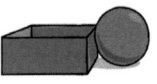

junto a
....
ved siden af

entre
....
imellem

lugar
....
sted